BARREAU DE PARIS

ÉLOGE
DE
M. PAILLET

PRONONCÉ LE SAMEDI 28 NOVEMBRE

A LA SÉANCE D'OUVERTURE DES CONFÉRENCES DE L'ORDRE DES AVOCATS

PAR

JULIEN LARNAC
Avocat à la Cour impériale de Paris

PARIS
MICHEL LÉVY FRÈRES, LIBRAIRES-ÉDITEURS
RUE VIVIENNE, 2 BIS

1857

A MON PÈRE

JUGE D'INSTRUCTION A VERSAILLES,

MEMBRE DU CONSEIL CENTRAL DES ÉGLISES RÉFORMÉES
DE FRANCE.

Paris, le 8 décembre 1857.

Julien LARNAC.

ÉLOGE DE M. PAILLET

Messieurs et chers Confrères,

Lorsque nos anciens ont voulu que l'éloge de M. Paillet inaugurât, cette année, la reprise des conférences, ils n'entendaient pas seulement honorer une chère et illustre mémoire ; leur pensée s'est tournée aussi vers le jeune auditoire dont c'est la fête aujourd'hui. Eux qui avaient vu, jour par jour, germer, croître et fleurir la pure renommée de leur confrère, qui avaient éprouvé en mainte rencontre la vigueur et le charme de son talent, goûté la douceur de son commerce, lu dans le livre, trente ans ouvert, de son âme, ils savaient combien sa vie est riche de nobles enseignements, de fortifiants exemples. Ils savaient qu'une telle vie retracée devant vous, même par une plume inhabile, prêterait au retour de nos travaux un plus vif attrait ; qu'elle offrirait surtout à votre émulation un modèle achevé des vertus, force et honneur de notre ordre, qui se nomment, vous le savez, Messieurs, la probité, le désintéressement, l'amour du travail, l'amour de son état, la confraternité.

Vous donc, mes chers confrères, qui préparez votre jeunesse aux rudes labeurs du barreau, écoutez cette belle vie. Mieux que les plus éloquents conseils elle vous dira ce qu'il faut de courage, de persévérance, pour gagner le faîte ; mais aussi quelles récompenses l'équitable avenir réserve à ceux que n'ont pas rebutés les premières épreuves. Elle vous apprendra comment on devient, comment on vit, comment on meurt grand avocat ! Et s'il est parmi vous une vocation indécise que ce récit raffermisse, quelque talent timide ou ignoré que l'exemple de M. Paillet encourage ou fasse éclore, le but de nos anciens sera atteint; l'âme généreuse de M. Paillet, elle aussi, sera satisfaite, car même après la mort, il aura servi le barreau !

M. Paillet est né le 17 novembre 1796 à Soissons. Son père, notaire estimé, y avait rempli des fonctions municipales. Sa famille comptait parmi les meilleures de la bourgeoisie.

Le nouveau-né (il l'a raconté lui-même — plus tard [1]) « fut mis aussitôt sous la protection de trois saints, Alphonse, Gabriel, Victor, » dont le patronage ne lui fit point défaut. Ses commencements furent heureux ; et la tendresse clairvoyante de ses parents ayant pressenti tout ce qu'une solide instruction ajouterait en ce jeune esprit aux dons de la nature, dès l'âge de douze ans, Alphonse Paillet venait à Paris s'asseoir sur les bancs du lycée Charlemagne.

Là, dans l'asile élu des fortes études, initié aux éléments par un enseignement habile [2], aux secrets de l'éloquence par une jeune et brillante parole [3], le disciple puisa l'amour et le sentiment profond des lettres. Les maîtres estimaient son jugement sûr, son application ; les élèves aimaient son

---

[1] Dans une lettre à M. H. Moulin, avocat, son biographe (27 novembre 1836).

[2] M. Andrieu, qui a été le professeur de MM. Villemain, Chaix-d'Est-Ange.

[3] M. Villemain.

caractère. Chaque année, le nom de Paillet retentissait vainqueur en Sorbonne, salué de longs applaudissements.

Cette gloire précoce ne l'enivra pas; dédaignant les succès faciles, parmi les voies ouvertes à son ambition sa volonté réfléchie choisit la plus longue et la plus rude. Il avait le cœur haut, la conception prompte, l'esprit droit, la mémoire sûre et ornée, le travail familier, le tempérament robuste : il pouvait, il devait être avocat.

L'École de droit de Paris s'ouvrit au nouveau bachelier. En même temps les conseils d'un père expérimenté plutôt que son inclination le poussaient vers la pratique des affaires. Mais la procédure, telle qu'elle s'impose aux néophytes, lui parut une divinité si sévère qu'il déserta son culte après les premiers sacrifices.

M. Paillet père ne se découragea point. Il tenait fermement et avec raison au plan tracé; il pensa que l'initiation de son fils avait été mauvaise et il le fit revenir à Soissons. Là, il lui présenta la procédure sous les traits d'un avoué-plaidant de la ville, aimable, instruit, et qu'il faut nommer ici parce que les succès d'Alphonse Paillet au barreau sont un peu son œuvre : M. Tétard l'institua sur-le-champ principal clerc. Il savait que l'âme élevée du jeune homme serait flattée d'une telle confiance, et que son intelligence la justifierait bientôt. Ses prévisions furent dépassées ; après deux ans d'une pratique opiniâtre, qu'éclairait l'étude assidue de la théorie, le lauréat de Charlemagne pouvait subir avec honneur les épreuves de la licence. Mais l'un des professeurs de la Faculté avait scrupuleusement noté les absences d'Alphonse Paillet égales en nombre à ses leçons ; il refusait obstinément son visa. Des amis intervinrent. — « L'étudiant était laborieux... deux familles attendaient son diplôme pour le marier. » — M. Delvincourt céda enfin, et Paillet conquit le même jour le droit d'épouser et celui de plaider.

Ses débuts à Soissons furent applaudis. Ils révélaient un esprit clair, méthodique, délicat, rompu par de salutaires épreuves aux formes judiciaires. Après six ans, sa réputation avait franchi les limites du département.

Toutefois l'émulation languit dans les tranquilles douceurs de la province. M. Paillet redoutait pour lui ce danger. Il n'était ni ambitieux ni chimérique, loin de là ; mais il se sentait vivre, et je ne sais quel instinct, quelle prescience confuse de l'avenir évoquant en lui le rêve magique de cette capitale du mouvement, de l'intelligence et de la gloire, de ce grand Paris, théâtre de ses jeunes triomphes, lui disait en secret : ta place est là !

Le projet pouvait sembler téméraire. Jamais l'éloquence judiciaire n'avait rayonné en France d'un plus éblouissant éclat. Aux premiers rangs du barreau de Paris se pressaient dans toute la vigueur de l'âge et du talent : MM. Dupin, Tripier, Hennequin, Persil, Mauguin, Berryer, Mérilhou, Barthe... derrière eux de jeunes voix s'élevaient, bientôt les émules de tels maîtres.

M. Paillet ne consulta que son courage. La Fortune qui aime et qui favorise, dit-on, les audacieux, l'attendait sur le seuil de notre Palais lui réservant une de ces occasions rares dont le talent seul sait profiter.

Le dimanche 10 octobre 1824, M. Paillet entre obscurément à Paris. Le même jour, presque à la même heure, un homme franchissait la barrière de Vincennes, les mains sanglantes et poursuivi par les imprécations d'une multitude indignée. Bientôt la nouvelle, les détails de son crime, son nom circulent dans la ville immense : c'est Papavoine, du village de Mouy. Il a vu pour la première fois sous les ombrages de Vincennes deux frères, deux enfants ; il a couru s'armer d'un couteau et bondissant comme une bête fauve sur cette double proie, il l'a égorgée en plein jour, sous les yeux, dans les bras d'une mère... Le voilà dans la main de la justice ; mais de bizarres rumeurs égarent les recherches; présomptions, conjectures, révélations, tout n'est qu'erreur et mensonge. Déjà le jour du jugement se lève, trop lent au gré d'un public frémissant, et le mobile du crime échappe encore.

Les débats s'ouvrent. A peine l'élite des curieux a pu pénétrer dans la vaste enceinte. Le procureur général Bellart a rédigé lui-même l'accusation. M. de Peyronnet, fils du garde des sceaux, l'a soutenue. La mère des victimes, au récit du meurtre, à la vue de l'assassin et du poignard, devant les dépouilles ensanglantées de ses enfants s'est évanouie... la foule murmure contre Papavoine un verdict de mort!...

Que pourra la défense? n'est-elle pas d'ailleurs confiée par des amis, imprudents sans doute, à une parole jeune, inconnue, qui n'a jamais affronté les périls de la Cour d'assises? Cependant l'avocat se lève. Sa haute taille, son maintien réservé, sa figure énergique et fine fixent les regards... bientôt les passions se taisent; l'accusé n'est plus un monstre; sa main seule, esclave d'une imagination depuis longtemps en délire, fut coupable. Les faits, la science, l'humanité le proclament : Papavoine n'est pas un assassin, c'est un fou !

Il dit, et la fureur se tourne en pitié, et dans l'auditoire ému sous sa parole convaincue, sensée, ingénieuse, souvent éloquente, le crime est oublié, Papavoine a disparu ; un nouveau nom court de bouche en bouche... « C'est M⁰ Paillet!... de Soissons... » Chacun veut le contempler, l'approcher, lui parler ; mille mains étreignent les siennes; M. Berryer, ancien déjà de gloire sinon d'années, l'embrasse en pleurant, et la voix doublement autorisée de M. Bellart le salue un des futurs maîtres du barreau français!

Malgré ce succès inespéré, Papavoine fut déclaré coupable. Lucide et calme devant ses juges, menaçant dans les fers, il rendait, comme à dessein, sa folie suspecte et sa vie redoutable. En vain son défenseur, suivant un généreux exemple de M. Philippe Dupin[1], l'assista devant la cour suprême : l'avocat dut céder la place au confesseur.

Le procès Papavoine avait profondément remué l'opinion. Le nom de M. Paillet s'en était dégagé avec éclat; mais de longues épreuves l'attendaient encore.

Si le génie improvise les grands artistes, le temps qu'un travail intelligent féconde fait seul l'avocat. M. Paillet ne l'oublia jamais. Il n'était pas de ceux que la louange exalte ou énerve, mais de ceux qu'elle aiguillonne. Le jour de son premier succès, tout en faisant la part de la bienveillance, il résolut de justifier la haute opinion des maîtres et d'atteindre un jour les sommets promis à sa vaillante jeunesse. On le vit alors, avec une sagesse peu commune, s'enfermer dans la pratique lente, ignorée, pénible, des petites causes civiles. Longtemps sa clientèle fut rare et d'humble apparence. Le modeste patrimoine du père de famille ne venait que trop souvent en aide aux ressources de l'avocat. Mais ni le regret du passé ni l'impatience de l'avenir ne le troublaient. Semblable à Cochin, à Gerbier qu'on avait vus « riches de leur propre fonds non moins que des conquêtes de l'étude, se consacrer l'un et l'autre, après des débuts éclatants à la retraite, pour y puiser des forces égales aux devoirs de leur profession[2], » M. Paillet posait presque à l'écart, mais avec une invincible constance, les fondements de son élévation future. Une affaire lui était-elle confiée, aride, spéciale? Peu importe : pour lui c'est l'objet d'une étude générale, élevée, féconde. Tous les principes, toutes les lois de la matière sont explorés; sur chaque point, il se crée à lui-même un recueil de la doctrine et de la jurisprudence, et de ces recherches habilement combinées naît une

---

[1] Dans l'affaire du forçat Coigniard, devenu lieutenant-colonel et comte de Sainte-Hélène.

[2] M. Delangle, bâtonnier, discours d'ouverture à la conférence de 1836.

plaidoirie substantielle et nerveuse. En même temps le culte des lettres assouplit son esprit. Déjà quelques observateurs attentifs vantent les mérites croissants du jeune avocat. Un jour même, M. Hennequin rappelle avec éclat au Cercle des bonnes études « la cause redoutable de Papavoine et le beau talent déployé par son défenseur[1]. » Mais ces éclairs de célébrité s'éteignent vite, et s'ils fortifient un moment le courage de M. Paillet, ils le laissent six années en proie à l'obscur et laborieux enfantement de sa renommée.

Enfin le temps des épreuves est passé. C'est en juillet 1830. Le gouvernement, la magistrature, les chambres vivifiées par l'élite de l'Ordre ont ouvert au barreau des successions opulentes. M. Paillet était prêt à recueillir sa part du glorieux héritage. En 1831 il entre dans le Conseil qu'il ne devait quitter qu'avec la vie. Dès lors, chaque année, son talent, sa clientèle s'élèvent.— Toutes les juridictions l'entendent, — les grandes causes le réclament, — les compagnies s'éclairent de ses conseils[2], — les intérêts civils et criminels invoquent son appui, — les admirations jadis éparses et discrètes se groupent hautement autour de sa renommée grandissante. — Son nom franchit l'enceinte du palais : il pénètre dans le public, il arrive jusqu'au roi. En 1838, M. Paillet reçoit la croix de la Légion d'honneur, distinction doublement précieuse, car elle ne fut point sollicitée et elle honorait en lui le simple avocat homme de bien. Enfin en 1839, les suffrages de ses confrères le portent au premier rang : il prend place sur ce siége qu'ont illustré avant lui les Delacroix-Frainville, les deux Dupin,

[1] *Gazette des Tribunaux*, 11 février 1826.
[2] La banque de France, l'association des artistes musiciens, les hospices, la préfecture de la Seine, plus tard la liste civile. M. Paillet a figuré aussi pendant quinze ans parmi les juges-suppléants du tribunal civil de la Seine, à côté de MM. Philippe Dupin, Chaix-d'Est-Ange.

les Delangle. — M. Bellard l'avait prédit : le défenseur de Papavoine est devenu chef élu du premier barreau du monde.

Désormais son existence s'écoule active et laborieuse toujours, mais renfermée dans l'exercice longtemps exclusif de sa profession. Si plus tard de nouveaux honneurs couronnent sa carrière, ils ne le détourneront jamais du Palais. Il y vient, il y brille tous les jours. Entrons donc avec lui à l'audience; en étudiant son talent, nous y surprendrons en partie le secret de son élévation suprême.

Quoique M. Paillet se soit révélé à Paris dans une cause criminelle, c'est aux intérêts civils qu'il a de préférence accordé son ministère. Sa nature, ses études le portaient vers les luttes où la raison servie par une parole savante et contenue triomphe de la passion éloquente; elles le rendaient aussi merveilleusement propre à l'œuvre multiple de l'avocat civil telle que l'ont créée les innombrables nécessités de la vie moderne.

Aujourd'hui, en effet, peu de plaidoiries solennelles. Plus de ces discussions qui absorbaient sur un seul point durant plusieurs audiences la majestueuse attention des parlements; or le langage de M. Paillet était simple et mesuré comme sa pensée. Aujourd'hui des espèces variées, des détails de mœurs, d'art, de science, d'industrie; or M. Paillet pouvait tout comprendre, tout s'assimiler, tout reproduire.

Il fallait l'entendre dans un procès compliqué exposer l'affaire. L'auditoire ne soupçonnait pas que son récit limpide était naguères dans la bouche du client, dans le dossier, un abîme d'incohérence. Le juge lui-même ignorant les ténèbres évitées, se laissait doucement aller au plaisir d'une narration lumineuse. Sur la trace de ce guide aimé, il cheminait d'un pas sûr et léger dans la cause.— Tout est en relief, à sa place, tout porte. A peine la route s'ouvre, et le magistrat entrevoit le but. Son opinion se forme insensiblement. La discussion ne fera que l'affermir et la fixer plus avant dans sa conscience.

Que dis-je? la discussion est quelquefois inutile. La cause exposée par M. Paillet paraît plaidée. Mais s'il discute, ne craignez pas que l'exposition ait épuisé ses ressources. Autant les faits ont paru clairs, concluants, autant les arguments surgissent neufs, nourris, décisifs. Ce qui n'était qu'esquissé se dessine et se grave. Les moyens, les preuves groupés avec art, fortifiés par une solide doctrine élèvent contre les attaques sûrement prévues de fermes remparts; obstacles savamment gradués, reliés entre eux autour d'un point unique que M. Paillet choisissait d'un prompt coup d'œil comme le nœud de l'affaire, le siége de la plus vive attaque et de la plus âpre défense.

Même après la réplique, prévoyait-il un fait, un argument nouveau, défenseur vigilant, il intervenait dans le délibéré par une de ces notes échappées à sa plume facile et dont on ne sait ce qu'il faut le plus louer de la concision élégante du style ou de la solidité du fond.

D'autres mérites lui assuraient la faveur des juges. C'était d'abord une mesure exquise. Maître de lui, ne disant que ce qu'il voulait et ce qu'il devait dire, il imposait aux affaires les plus compliquées la précision qui était le propre de son talent. Rien de ce qui pouvait convaincre n'était omis; mais, dût le client s'en irriter, toute considération étrangère se voyait impitoyablement bannie. On le savait et on écoutait de lui avec un même soin les moindres détails. On suivait aussi M. Paillet avec une confiance jamais troublée, parce que sa véracité n'avait jamais failli. A chaque fait il laissait son caractère; il ne connaissait pas l'art pernicieux d'en altérer l'aspect dans les entraînements de l'audience; l'amour du vrai le dominait au milieu des luttes les plus ardentes; on sentait toujours battre sous sa robe le cœur de l'honnête homme, et la sincérité qu'il recherchait pour elle-même devenait naturellement auprès du juge « son plus sûr instrument de persuasion, l'arme la plus redoutable de son éloquence[1]. »

La raison même ne doit pas dédaigner de plaire ; celle de M. Paillet se revêtait sans effort des grâces du style. Élevé dans le culte des lettres, il y puisait l'amour et le secret de la forme. Ce n'est pas qu'il fit parade à l'audience de son intimité avec les grands prosateurs et les poëtes ; il était assez riche de son propre fonds pour citer sobrement. Mais une telle intimité donnait à sa parole comme à sa pensée l'allure élégante de nos bons auteurs et cette merveilleuse transparence de la belle langue française, si propre aux affaires. Elle lui permettait aussi de réveiller par une réflexion ingénieuse, par une allusion délicate, par une comparaison familière sans vulgarité, l'attention longtemps arrêtée sur des détails arides, et de prêter aux démonstrations les plus ingrates ces formes vives qui savent plaire et convaincre à la fois.

Enfin son attitude modeste et digne devant la justice, son geste sobre mais varié, son visage expressif, élevé, fidèle miroir de son âme, son regard doux et ferme, sa voix habilement nuancée, tout concourait à faire de sa parole une des plus sympathiques, des mieux écoutées, des plus persuasives.

Sans doute, en l'entendant pour la première fois, un auditeur indifférent pouvait accuser son éloquence de tiédeur et de timidité. D'autres savent mieux passionner un débat, d'autres planent de plus haut sur leur cause ; celui-ci lance des traits plus acérés ; celui-là poursuit ses déductions avec une plus inflexible logique. Mais chacun, au Palais, lui rendait le témoignage que de toutes ces qualités, dont une seule constitue (si elle est parfaite)

---

[1] Boucher d'Argis.

Ceux qui l'approchaient hors l'audience le trouvaient digne et réservé, mais affectueux, de facile accès, dévoué, toujours prêt à éclairer leurs doutes ou à consoler leurs infortunes.

Ceux qu'un arbitrage amenait devant lui admiraient son art de calmer les esprits aigris et de concilier les intérêts opposés, sa patience à écouter les plaintes, sa circonspection avant le jugement, la haute impartialité de ses sentences.

Le jeune barreau enfin se rappelait de quelles vives paroles il appréciait ses efforts aux conférences, avec quelle sollicitude il épiait le talent, comme il louait avec grâce, de quelles délicatesses de pensée et de langage il adoucissait l'amertume de la critique. Il savait que même après son bâtonnat, dans le Conseil, chez lui, M. Paillet continuait ce patronage, tradition précieuse qui tout en préparant les voies à la jeunesse, unit deux âges extrêmes dans un touchant commerce de bienveillance et d'égards, d'affabilité et de respects.

Bonté, modestie, aménité, dévouement, droiture, voilà donc les vertus que ses confrères chérissaient en M. Paillet. Ils n'estimaient pas moins son zèle chaleureux pour la profession. L'amour de son état c'était sa devise, non pas une devise stérile, mais le mobile fécond de toute sa vie. Débutant, il lui demandait « cette résolution immuable qui triomphe des ennuis d'un long apprentissage. » — Avocat illustre, il y puise « ce sentiment du devoir, » et cette courageuse indépendance « si nécessaire à l'avocat dans les conjonctures délicates [1]. » — Bâtonnier, il l'exalte dans une élégante harangue à ses jeunes confrères. — Député, il s'en fait un refuge contre les séductions et les promesses de la vie publique.

« Ma profession, disait-il, je l'aime comme on aime sa

---

[1] M. Paillet. Discours prononcé à l'ouverture des conférences (23 novembre 1839).

mère, — je ne m'en séparerai jamais[1]. » Aussi la voulait-il respectée, digne et pure comme une mère. Dès 1828 il réclamait, avec deux cents confrères de Paris, l'élection directe du conseil et la suppression des entraves imposées à la plaidoirie par un pouvoir ombrageux[2]. — En 1834, il rehaussait dans un mémoire collectif la dignité blessée du barreau[3]. — Sous la République enfin, lorsque la patente, souvent conjurée, reparut contre l'ordre plus menaçante que jamais, M. Paillet la combattit avec énergie. Un jour, devant le chef de l'État, il raillait finement cet impôt matérialiste qui confond dans une égalité toute fiscale les professions les plus disparates : « Rassurez-vous, monsieur Paillet, dit le prince, la taxe ne peut vous ruiner, elle n'est pas proportionnelle au talent[4]. »

L'ardeur qu'il apportait au soutien de nos prérogatives n'altérait en rien ses rapports avec la magistrature. Pour lui, les magistrats c'était la loi vivante. Jamais il ne manquait de rendre hommage à leur intégrité et à leurs lumières, soit que dans les débats criminels il eût le périlleux honneur de lutter contre la magnifique éloquence de M. l'avocat général Plougoulm[5], soit que plaidant devant le siège vide du premier président Séguier, il saluât d'un touchant adieu l'un des grands noms de la magistrature

---

[1] *Journal des Débats*, 6 juillet 1842.

[2] Ordonnance du 20 novembre 1822, réformée par l'ordonnance du 27 août 1830.

[3] Mémoire pour les avocats de Paris, février 1834.

[4] La taxe est proportionnelle au loyer (l. 5-22 mai 1850).

[5] Affaire Verninhac Saint-Maur (avril 1836). La même année la succession du célèbre financier Séguin souleva un procès criminel qui absorba dix-huit audiences. M. Plougoulm occupait le siège de l'avocat général, M. Paillet parlait au nom des parties civiles, et M. Ph. Dupin à la tête des défenseurs. L'importance de l'affaire, le nom des parties, surtout le talent des orateurs élevèrent ce débat à la hauteur des plus grandes luttes judiciaires.

française[1]. Ne témoignait-il pas aussi sa déférence à la justice quand il se présentait toujours armé, toujours prêt, ne demandant à différer la lutte que devant les exigences, sacrées pour lui, de la confraternité?

En retour les magistrats lui accordaient estime profonde, confiance, égards, sympathie. Ils lui savaient gré surtout à lui avocat célèbre, à lui chargé d'un fardeau sans cesse plus pesant, de ne jamais se fier à sa seule expérience.

Voulez-vous en effet le voir dans le plein éclat de sa gloire, comme aux premiers jours, étudier une cause? Le voilà dans son cabinet assis en face du client. Il l'écoute dérouler confusément ses griefs. Dès qu'il a saisi, il s'établit juge : le procès lui semble-t-il injuste, il le refuse; l'accepte-t-il, il soulève à dessein mille objections... le plaideur répond. — A l'instant ses réponses sont réfutées, — le plaideur s'étonne, il croit voir non un défenseur, mais son adversaire en personne; dans son trouble il se livre tout entier. Il sort enfin inquiet, incertain du succès, ébranlé même dans sa confiance. — Cependant M. Paillet a observé son attitude et noté ses réponses. Resté seul, il explore une à une toutes les pièces, sachant que « celui qui voit tout abrége tout[2], » il rapproche les faits, les dates, les arguments qu'un travail intérieur concentre et classe. Enfin le plaidoyer a pris forme dans son esprit. Sur des notes, vrais chefs-d'œuvre, il en a tracé d'un seul jet la marche avec une précision savante. C'est une ébauche; mais vienne l'audience! et sous sa parole comme sous un pinceau magique elle surgira brillante de forme, de couleur et de vie!

On le pressent, de telles préparations imposaient à M. Paillet des travaux formidables. Il y suffisait par une application incessante. Levé avant le jour, il donnait à l'étude tout le temps que lui laissaient les clients, le palais,

---

[1] Journal le *Droit* (8 août 1848).
[2] Montesquieu.

les devoirs du monde et de la famille. Ces devoirs mêmes, que quelques hommes sacrifient à la gloire, il leur faisait une large place dans sa vie.—Chaque soir, pendant qu'une lampe solitaire éclairait ses veilles, des amis peuplaient sa maison. Réunis autour de sa femme et de ses enfants [1] dans une pièce voisine, ils le voyaient même dans les plus soucieuses journées venir à eux, par intervalles, le visage souriant, l'air affable, et après quelque causerie familière, quelque saillie ingénieuse, retourner sans bruit à l'œuvre.

L'hospitalité que M. Paillet pratiquait royalement à la ville faisait les délices de ses vacances à la campagne. Plus libre alors, son esprit s'abandonnait avec bonheur aux effusions d'une douce intimité. Chaque année les premiers jours de septembre le ramenaient avec quelques amis, presque tous ses confrères, vers le ciel natal. Sous les ombrages de Belleau [2], il se délassait à l'air pur, la promenade, la chasse, la vue riante de la verdure et des eaux vives. Mais une oisiveté de deux mois aurait trop pesé à son ardente nature. Là encore, il étudiait tandis que son parc, comme à Paris son salon, s'animait d'une société amie. Retiré dans sa bibliothèque, il relisait ses chers classiques, Tacite, Perse, Juvénal, Horace et Virgile qu'il savait par cœur, Racine, Molière, inimitables génies, La Fontaine, comme lui enfant de la Champagne [3]. Il n'en suivait pas moins avec intérêt le mouvement de la littérature contemporaine; aucun livre, même futile, ne soulevait la vogue à son insu. Mais il revenait toujours aux grands modèles et après avoir payé son tribut d'éloges au brillant auteur de *Notre-Dame*

[1] M. Paillet a laissé deux enfants de son mariage avec Mlle Paroisse, fille d'un médecin du roi Joseph : Mme Poyet, mariée à un avocat distingué du barreau de Paris, et M. Eugène Paillet, avocat au même barreau, ancien secrétaire de la conférence.

[2] Petit village voisin de Château-Thierry (Aisne).

[3] La Fontaine est né à Château-Thierry qui lui a élevé une statue.

de Paris, il écrivait au bas de l'œuvre : « En somme j'aimerais mieux avoir écrit trois chapitres de *Gil Blas.* »

Malgré l'immensité de ses lectures, malgré la facilité et l'élégance de sa plume, M. Paillet ne devait laisser aucun ouvrage[1]. Peu porté vers les abstractions de la science pure, il cherchait avant tout l'application et la fin des choses.

D'ailleurs dans l'entraînement des affaires pouvait-il recueillir assez longtemps sa pensée ? Même pendant les vacances les clients troublaient sa retraite. Ils y accouraient des extrémités de la France, de l'étranger, sollicitant un mémoire, un avis, un mot, car ce mot valait des mémoires. Son cabinet s'ouvrait aussi à des confidences plus humbles ; c'étaient les pauvres gens du pays qui lui demandaient aide et conseil. Jamais ils ne le quittaient sans une bonne parole et sans un utile secours. Aussi lui avaient-ils voué un culte. Possesseur du château antique, respecté, chéri du peuple, M. Paillet semblait vraiment le seigneur de Belleau, — il l'était du moins par droit de bienfaisance.

Ainsi s'écoulaient ses loisirs entre un travail tempéré, la pratique du bien, les joies de la famille et de l'amitié ; et quand se rouvraient les luttes judiciaires, il y rentrait plus actif, mieux préparé. Sous l'action d'un labeur continu sa dialectique devenait chaque année plus nerveuse, son ironie plus grave, ses accents plus pathétiques[2]. Mais de tels

---

[1] Pendant les premières années de son séjour à Paris il avait entrepris un traité sur la contrainte par corps ; plusieurs lois rendues depuis lors sur cette matière auraient beaucoup affaibli l'intérêt de ce travail, si M. Paillet l'eût terminé. Quelques personnes étrangères au palais, confondent M. *Paillet,* de Paris, avec M. *Pailliet,* d'Orléans, auteur d'ouvrages de droit, notamment d'un *Manuel de Droit français* (1820).

[2] Cette opinion partagée par tous les appréciateurs compétents du talent de M. Paillet, a été indiquée par M. Bethmont dans l'éloquent adieu qu'il adressait, comme chef de l'ordre, à la tombe de son confrère, le 20 novembre 1855.

progrès usaient son corps. Depuis trois ans il faiblissait sous le mal ; tous s'alarmaient, lui seul, infatigable, ou plutôt toujours prodigue de ses forces, poursuivait sa tâche avec une fiévreuse ardeur.

En 1855, après les vacances, il revint de Belleau le visage altéré par la souffrance. Son regard, son attitude trahissaient par intervalles comme des présages de mort. En vain ses parents, ses amis le suppliaient de raviver dans le repos une santé si précieuse. « Non ! répondit-il avec un mélancolique sourire, je mourrai dans ma robe ! »

Le vendredi 16 novembre sa famille se préparait à fêter le cinquante-neuvième anniversaire de sa naissance. Il l'avait quittée le matin comme de coutume pour se rendre au Palais. A l'ouverture de l'audience, il se présente en robe devant le tribunal. Trois affaires sont retenues sous son nom à la même chambre ; il y reste, il entend son premier adversaire[1]. Puis il se lève et commence à plaider. C'est bien la précision, la clarté, la grâce du maître... tout à coup le public s'étonne... les juges s'émeuvent... cette voix toujours si nette a balbutié, ce front si pur se couvre de nuages, cette intelligence si vive s'obscurcit !... un frisson d'épouvante parcourt l'auditoire... l'avocat parle, mais sa main écarte de son visage comme un voile importun... sa langue s'embarrasse... il lutte, haletant... dans un suprême effort il veut achever... le voilà qui chancelle, s'affaisse et tombe murmurant ses dernières paroles aux pieds de la justice !

On doute encore. Les magistrats sont descendus de leur siége. L'amitié, la science s'empressent autour de cette vie défaillante... secours inutile ! vaine espérance ! le soir, à l'heure marquée pour la fête, la famille éplorée gémissait sur un cercueil !

---

[1] M. Henri Celliez, à la première chambre présidée par M. Debelleyme.

Le lendemain, vous vous en souvenez, Messieurs, ce fut un deuil public. — Devant la funèbre nouvelle tous les bruits du monde se sont tus. Dans Paris, au Palais, près de la demeure désolée, l'étranger voyant une foule en larmes demandait si quelque fléau frappait la cité. La justice suspendit son cours, et quand les voûtes du Palais ont répété : Paillet est mort! la douleur publique a répondu : « C'est une perte irréparable [1]. »

Du moins chacun voulut honorer dignement sa mémoire. Ne résumaient-elles pas sa vie entière ces funérailles mémorables où derrière le corps de l'avocat enveloppé dans sa robe [2] se pressaient à pied le barreau avec ses insignes, les dignitaires, les magistrats, les maîtres de la tribune et de la presse, les illustrations littéraires, scientifiques, commerciales, industrielles, les pauvres... tout ce que M. Paillet avait aimé, cultivé, protégé, lui faisant cortége sous un ciel morne et triste, à travers les rues silencieuses jusqu'à la paix de sa dernière demeure ; honneurs spontanés, hommage réglé par le cœur, solennité simple et grande comme celui dont elle illustrait le souvenir !

Ah! c'est alors vraiment qu'a commencé son éloge; c'est alors que cette voix confuse de l'opinion qui vante tout bas les vertus des vivants, a fait explosion sur sa tombe à peine fermée! Les chefs de l'Ordre ont voulu tenir désormais leur conseil comme sous la présidence de sa chère image [3]. Soissons, sa ville natale, dont il était l'orgueil, a formé le

---

[1] Paroles prononcées par M. le premier président Delangle, à l'audience du 17 novembre 1855.

[2] Selon son vœu, M. Paillet avait dit : ma robe me servira de linceul.

[3] Le buste de M. Paillet, qui est placé sur la cheminée de la salle du conseil à côté de celui de Ph. Dupin, est dû à Pradier; il a été donné à l'Ordre par la famille Paillet. La bibliothèque des avocats ne compte, outre ces deux bustes, que ceux de Cochin, de Gerbier et de Tronchet.

vœu d'élever un monument public à sa mémoire. Puisse une si noble pensée être accueillie, et la France qui dresse des statues à tant de guerriers moissonnés dans de sanglants combats, puisse-t-elle, amie de toutes les gloires, saluer bientôt l'avocat intègre mort au champ de ses paisibles travaux !

Mais les figures, les inscriptions, toutes glorieuses qu'elles soient, ne triomphent pas de l'oubli ; le marbre et l'airain périssent comme les traits qu'ils reproduisent ; ce qui survit, c'est le souvenir du talent et de la vertu, c'est la mémoire des bienfaits.

A ce titre, le nom de M. Paillet est impérissable. Un jour, affaibli par l'étude, pressentant peut-être sa fin hâtive, il voulut jeter sur la carrière parcourue un regard d'adieu. Dans quelques lignes, reflet de sa belle âme, il rappela ses sentiments envers ses confrères et la magistrature, il pardonna « aux ingrats qu'il avait pu faire, » il se rendit à lui-même le précieux témoignage que « l'unique source de sa fortune était le tribut tout volontaire et tout spontané de ses clients [1]. » Puis cette fortune, fille du travail et de la probité, il en régla, pour tous ceux qu'il aimait, le partage. Eh bien ! mes chers confrères, en ce moment suprême la jeunesse du stage occupait sa pensée : il nous fit ses légataires. Tous les deux ans nos efforts recevront de lui leur encouragement et leur récompense [2].

Avocats du stage ! c'est à nous de garder pieusement sa mémoire ; à nous ses enfants d'adoption, de perpétuer autour de son nom un culte filial. Que sa pensée plane au milieu de nous ; que sa vie nous soit toujours un cher entretien. Ainsi transmise aux générations qui se succéde-

---

[1] « Nommer Paillet, c'est nommer le désintéressement, » a très-bien dit M. le bâtonnier Liouville, dans son discours de rentrée de 1856, véritable manuel des jeunes avocats (voy. à la fin note B).

[2] Voy. note C.

ont dans ce Palais, elle pourra défier le temps ; elle prendra
place dans les traditions les plus pures et dans l'histoire la
plus reculée du barreau. Par là, mes chers confrères, nous
acquitterons en partie la dette de la reconnaissance. Mais
cette vie ne saurait être offerte à notre jeunesse sans profit
pour elle; lorsque comme nous on a le bonheur de toucher
à de tels exemples, ce n'est point assez de les admirer et
de les répandre, il faut les imiter! Suivons-le donc, dans
la mesure de nos forces, cet esprit d'élite qui grandissait
en présence des difficultés, et qui s'éleva toujours à la hauteur de la tâche entreprise; suivons ce lutteur infatigable
qui ne se reposa jamais sur sa riche nature, et qui féconda
jusqu'à la dernière heure par le travail les dons précieux
que Dieu avait mis en lui... Et si, moins heureux, nous ne
pouvons atteindre aux cimes que son éloquence lui rendait
accessibles, du moins chacun ici peut se proposer ses vertus pour modèle. Il le disait et il l'a souvent prouvé, Messieurs, le caractère de l'avocat remporte auprès des juges
autant de victoires que son talent; modeste et bon, il eut
pendant trente ans tous les jours des adversaires, jamais
un ennemi ; désintéressé, loyal, hospitalier, il répandit sa
fortune en œuvres généreuses ; — ami de la vérité et de la
justice, il écouta toujours les conseils d'une conscience
sévère ; — fidèle enfin à la profession dont nous avons
l'honneur de porter les insignes, il voulut vivre et mourir
avocat... Voilà ce que nous pouvons imiter en M. Paillet,
voilà par où sa vie doit nous être à tous un utile enseignement et un profitable exemple !

NOTES.

A. Page 17. *Affaire Quénisset*, 11 décembre 1841 (péroraison conforme aux notes de la main de M. Paillet).

« Les révélations de Quénisset à la main, je dirai d'abord à ceux qui nous gouvernent : avant tout, songez aux classes ouvrières ; écoutez leurs plaintes, leurs vœux légitimes. Qu'elles soient constamment l'objet de votre sollicitude, de votre zèle, de vos soins empressés, de votre protection paternelle ; redoublez d'efforts pour les moraliser, pour améliorer leur condition, pour assurer leur bien-être. Car c'est à ce prix seulement que vous accomplirez votre tâche la plus sacrée, en même temps que vous neutraliserez les influences de ces agents de désordre qui spéculent sur leur ignorance et leur misère !

» Les révélations de Quénisset à la main, je dirai aux indifférents, à tous ceux que divisent seulement des nuances d'opinion sur les hommes et sur les choses : ne comprenez-vous pas maintenant la situation ? Ne comprenez-vous pas la nécessité de vous unir et de fondre dans l'intérêt national ces dissidences politiques plus apparentes que réelles, mais à l'ombre desquelles se cache et grandit chaque jour une autre question d'une bien autre importance : la question sociale.

» Toutefois à ceux que ces tristes spectacles découragent outre mesure et qui seraient tentés de désespérer de la chose publique, je leur dirai : Rassurez-vous, le mal est grand, sans doute, et jamais l'union et la vigilance des bons citoyens ne furent plus nécessaires. Mais par les révélations de Quénisset, il nous a été donné de pénétrer dans ces associations menaçantes, de voir de près leurs hommes et leurs ressources, et, grâces au ciel, l'édifice de nos institutions n'est pas à ce point chancelant et décrépit qu'il doive s'écrouler devant des recrues de l'émeute et des tribuns de cabaret.

» Enfin, toujours armé des révélations de Quénisset, je m'adresserai à tous ces ouvriers honnêtes qui abondent dans nos grandes villes et je leur dirai : ouvrez les yeux et voyez de quel côté sont vos ennemis !

» Vos ennemis, croyez-moi, ils ne sont pas dans cette bourgeoisie que l'on calomnie systématiquement à vos yeux et où vous pourrez reconnaître tant de noms sortis de vos rangs.

» Vos ennemis ne sont pas ces pères de famille laborieux qui ne doivent leur aisance qu'à leur travail, à leurs habitudes d'ordre et d'économie, qui vous ont montré le chemin par leurs exemples et heureux quand ils peuvent, en vous tendant la main, vous aider à le parcourir à votre tour...

» Vos ennemis véritables, ce sont ces hommes qui vous bercent de folles espérances, qui font briller à votre imagination éblouie un état de choses qu'ils savent impossible, qui vous promettent par exemple des *ateliers nationaux* où l'on ajouterait au salaire tout ce que l'on aura ôté à la durée du travail.

» Vos ennemis véritables sont ceux qui par leurs intrigues et leurs prédications incendiaires écrites ou parlées, entretiennent au sein du pays un état de perturbation incompatible avec tout progrès utile, toute amélioration réelle.

» Vos ennemis sont ceux qui vous arrachent à vos familles pour vous affilier à ces associations ténébreuses où vous rencontrez sur le seuil et comme condition première de votre initiation un serment horrible, impie, se résumant dans l'alternative de donner la mort ou de la recevoir.

» Vos ennemis sont enfin ceux à qui six semaines suffisent pour *pétrir* leurs adeptes et les façonner à leurs desseins sanguinaires et faire d'un ouvrier honnête et laborieux un fanatique et un assassin.

» Ceux qui vous entraînent dans leurs manifestations à main armée.

» Ceux qui vous poussent dans ces voies criminelles où vous ne trouverez, je vous le prédis, d'autre issue que l'anarchie par l'assassinat, ou le déshonneur par l'échafaud.

» Voilà, Messieurs les pairs, sous quel point de vue j'envisage les révélations de Quénisset.

» Voilà quels enseignements salutaires nous devons tous y puiser.

» Voilà comment elles me paraissent véritablement s'élever à la hauteur d'un service rendu à la chose publique.

» Et comment, par une sorte de compensation équitable, elles recommandent celui qui les a faites à toute votre humanité et à toute votre clémence.

» Que si ma voix était impuissante dans cette enceinte ; si elle devait s'y briser contre les tables de la loi ; eh bien ! je dirais à cet homme de ne pas désespérer encore ; j'oserais lui promettre d'autres défenseurs plus éloquents et plus heureux devant un autre tribunal.

» Ces défenseurs, quels sont-ils ? vous les avez nommés, Messieurs les pairs ; ce sont ces jeunes princes eux-mêmes contre lesquels il a bien pu diriger son bras quand il ne les connaissait pas encore, mais qu'il connaîtra bientôt à la manière dont ils se vengeront de lui. Oui, j'en ai l'espoir, ce sont eux qui plaideront en sa faveur avec cette autorité et ce droit que donne en quelque sorte le danger personnel auquel ils ont échappé. Ils nous prouveront qu'ils partagent les sentiments d'humanité et de philanthropie de leur père, comme ils partagent avec lui cette protection providentielle qui l'a tant de fois déjà soustrait aux balles des assassins.

» Voilà, Messieurs les pairs, à quels autres avocats dans mon impuissance, je léguerai à mon tour le client que vous m'avez donné.

B. Page 26. *Désintéressement de M. Paillet.* Citons un exemple entre mille autres.

« Un riche client envoie à Paillet les pièces d'une affaire très-importante. Huit jours après il arrive pour s'entendre avec lui sur sa défense. « Votre procès, lui dit Paillet, est mauvais, et je ne puis m'en charger. » Le plaideur est d'abord interdit ; il semble ne pas comprendre qu'un avocat refuse une occasion de gagner de l'argent. Mais bientôt se rassurant, il prend le dossier, fait semblant de le feuilleter comme s'il y cherchait quelques raisons en faveur de sa cause, et y glisse, de manière à être vu, dix mille francs en billets de banque. Après quoi, le rendant à Paillet : « Veuillez donc, je vous prie, revoir ce dossier ; j'ai la conviction, qu'en l'étudiant derechef, vous y trouverez du nouveau et que vous me défendrez. » Alors Paillet, avec son fin sourire : « Je ne sais pas ce que je pourrais trouver de nouveau dans les pièces ; mais comme il n'y a rien de nouveau dans l'affaire depuis que je vous ai donné mon avis, permettez-moi de m'en tenir à mon premier examen. »

(Félix Liouville, bâtonnier, discours prononcé à l'ouverture des conférences, le 22 novembre 1856, page 50, note 1re).

C. Page 26. Testament de M. Paillet en faveur des avocats stagiaires.

« Je soussigné, Alphonse-Gabriel-Victor Paillet, avocat à la cour d'appel de Paris, ancien bâtonnier, déclare par mon présent testament léguer à l'Ordre des avocats à la cour d'appel de Paris, un capital de 10,000 fr. qui sera versé sans formalités entre les mains du trésorier, et dont je prie le conseil d'employer le produit annuel à récompenser et encourager en cadeaux de livres ou autrement celui ou ceux des avocats stagiaires qui lui paraîtraient avoir plus de droit à cette distinction, m'en rapportant d'ailleurs entièrement à sa prudence pour donner à cette disposition l'exécution plus utile et la plus convenable.

» PAILLET. »

» Paris, ce 5 avril 1852. »

Le Conseil de l'Ordre a décidé que le prix institué par M. Paillet serait distribué tous les deux ans, soit un revenu de 1000 fr. (arrêté du 4 décembre 1855).
Les deux premiers lauréats désignés par le conseil, sont M. Beaupré, ancien secrétaire de M. Paillet et de la conférence des avocats et M. Achille Delorme, secrétaire de la conférence; ils ont reçu le prix des mains de M. le bâtonnier Liouville, le 28 novembre 1857, jour où l'éloge du fondateur a été prononcé.

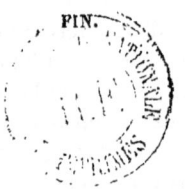

FIN.

PARIS — Imprimerie A. WITTERSHEIM, 8 rue Montmorency.

www.ingramcontent.com/pod-product-compliance
Lightning Source LLC
Chambersburg PA
CBHW060916050426
42453CB00010B/1749